Korta Berättelser

på Italienska

för Nybörjare

Daria Gałek

While every precaution has been taken in the preparation of this book, the publisher assumes no responsibility for errors or omissions, or for damages resulting from the use of the information contained herein.

KORTA BERÄTTELSER PÅ ITALIENSKA FÖR NYBÖRJARE

First edition. August 26, 2023.

Copyright © 2023 Daria Gałek.

ISBN: 979-8223543992

Written by Daria Gałek.

Innehållsförteckning

Introduktion

"Korta berättelser på italienska för nybörjare" är en samling av 20 lättlästa korta berättelser utformade för nybörjare som lär sig italienska. Berättelserna är skrivna på enkelt språk och innehåller igenkännbara karaktärer och vardagssituationer, vilket gör dem perfekta för de som precis har börjat lära sig språket.

Varje berättelse följs av en lista med ord och övningar, vilket ger läsarna möjlighet att kontrollera sin förståelse och utvidga sin kunskap om italiensk ordförråd och grammatik.

Oavsett om du lär dig italienska för första gången eller vill förbättra dina läs- och lyssningsfärdigheter, är "Korta berättelser på italienska för nybörjare" en värdefull resurs för alla som är intresserade av att lära sig språket på ett roligt och engagerande sätt.

Capitolo 1: L'arrivo in città

Martina è una giovane donna che è appena arrivata in città in autobus dal suo paese natale. Ha venticinque anni ed è emozionata di iniziare una nuova vita in città. Porta con sé una piccola valigia e una borsa a mano mentre cammina per le strade del centro della città. Si sente un po' persa e non è sicura di dove andare per trovare la sua nuova casa. Improvvisamente, un uomo si avvicina a lei e le sorride.

– Ciao, mi chiamo Giovanni. Hai bisogno di aiuto? – chiese l'uomo con un sorriso.

– Ciao! Mi chiamo Martina. Sono appena arrivata in città e non so come trovare la mia nuova casa. – rispose Martina sorpresa dall'offerta di aiuto.

– Non preoccuparti. Dove abiti? – chiese Giovanni con gentilezza.

– Abito in via Farfalla numero 23.

– È vicino! Devi solo continuare lungo questa strada e girare a destra in via Azzurra. Via Farfalla si trova a due isolati più avanti. – spiegò Giovanni.

– Grazie mille! – ringraziò Martina con un sorriso sollevato.

– Di niente. Buona giornata! – disse Giovanni prima di congedarsi.

Grazie alle indicazioni di Giovanni, Martina trovò la strada per casa senza problemi. Era entusiasta di iniziare la sua nuova vita in città e aveva in programma di esplorarla nei prossimi giorni.

Vocabolario:

giovane – ung

arrivare – att anlända

città – stad

paese – by/village

emozionata – exalterad

iniziare – att börja

valigia – resväska

borsa a mano – handväska

mentre – medan

sicura – säker

nuova – ny

casa – hus/hem

sorridere – att le

aiuto – hjälp

chiedere – att fråga

trovare – att hitta

non preoccuparti – oroa dig inte

dove – var

strada – gata

girare – att svänga

destra – höger

di niente – ingen orsak

congedarsi – att ta farväl

esplorare – att utforska

prossimi – nästa

Capitolo 2: Negozio di alimentari

Martina decise di andare al negozio di alimentari per rifornire il frigorifero nel suo nuovo appartamento. Quando arrivò, notò che era pulito e ordinato. Martina si avvicinò a un dipendente che stava riempiendo gli scaffali con i prodotti.

– Buongiorno. – salutò Martina con un sorriso. – Dove posso trovare le verdure?

– Buongiorno. – rispose il dipendente con gentilezza. – Le verdure sono nella sezione a sinistra, alla fine del corridoio.

– Grazie. – ringraziò Martina con voce amichevole. – Avete pomodori e lattuga fresca?

– Sì, abbiamo appena ricevuto una nuova consegna stamattina. Sono nella sezione di verdure fresche proprio accanto. – spiegò il dipendente con entusiasmo.

Martina ringraziò il dipendente e si diresse alla sezione delle verdure. Vide che c'erano molti prodotti freschi e di buona qualità. Prese alcuni pomodori e lattuga fresca e decise di cercare la frutta.

– Ho bisogno anche di alcune frutta. Dove posso trovarle? – chiese Martina curiosa.

– La frutta si trova nella sezione a destra, subito dopo i prodotti in scatola.

– Perfetto, grazie.

Martina trovò una sezione con frutta fresca e prese alcune mele e banane per la settimana. Infine, Martina portò i suoi acquisti al banco cassa.

– Sono 10 euro in totale, per favore. – disse il dipendente con voce chiara.

– Accettate carte di credito? – chiese Martina interessata.

– Sì, accettiamo carte di credito e di debito. Puoi anche pagare in contanti.

– Va bene, grazie mille.

Martina pagò i suoi acquisti con la carta di credito e uscì dal negozio, pronta per preparare la sua prima cena nella sua nuova casa.

Vocabolario:

negozio di alimentari – matvarubutik

pulito – ren

ordinato – organiserad

dipendente – anställd

verdure – grönsaker

gentile – snäll

sinistra – vänster

anche – också

pomodori – tomater

lattuga – sallad

fresca – färsk

frutta – frukt

dopo – efter

in scatola – på burk

mele – äpplen

banane – bananer

infine – slutligen

acquisti – inköp

carta di credito – kreditkort

pagare – att betala

contanti – kontanter

preparare – att förbereda

Capitolo 3: L'incontro con i vicini

Un giorno Martina ricevette un invito dai vicini per partecipare a una riunione nel palazzo. Era entusiasta di conoscere i suoi vicini e di apprendere di più sulla comunità. L'incontro era previsto per il sabato pomeriggio nella sala comune dell'edificio.

Martina arrivò nella sala comune e fu sorpresa nel vedere tante persone lì. Si avvicinò a un gruppo di persone che stavano conversando e si presentò.

– Ciao! Mi chiamo Pietro. Sei la nuova inquilina? – chiese uno dei vicini.

– Sì, esatto. Mi chiamo Martina e mi sono appena trasferita qui qualche giorno fa. – rispose lei.

– Benvenuta nella comunità! Io sono Anna. Ti piace qui? – chiese l'altro vicino.

– Sono entusiasta di essere qui. Adoro l'edificio e la posizione è perfetta per me.

– Mi fa piacere sentirlo. Ti stai godendo la città finora? – chiese il terzo vicino.

– Sì, sto esplorando molto.

L'incontro iniziò con un discorso del presidente dell'associazione. Parlò degli eventi futuri. Sono state discusse diverse cose correlate al rinnovamento dell'edificio

Martina si sentì a suo agio con i suoi vicini ed era emozionata nel sentire parlare delle attività e degli eventi pianificati. Era felice di aver partecipato all'incontro e si sentì più connessa con la comunità.

Vocabolario:

vicini – grannar

invito – inbjudan

riunione – möte

conoscere – att känna/möta

sabato – lördag

pomeriggio – eftermiddag

sala comune – gemensamt rum

inquilina – hyresgäst

trasferirsi – att flytta

altro – annat

posizione – plats

fa piacere – det är trevligt

sentirlo – att höra det

discorso – tal

presidente – ordförande

associazione – förening

eventi – evenemang

correlate – relaterade

connessa – kopplad

Capitolo 4: Il primo giorno di lavoro

Martina era entusiasta per il suo primo giorno di lavoro nella nuova azienda. È arrivata presto in ufficio e si è incontrata con il suo capo, Davide.

– Ciao, Martina! Sono felice che tu sia arrivata presto. – dice Davide – Sei pronta per iniziare il tuo primo giorno di lavoro?

– Ciao, Davide. Sì, sono molto emozionata di cominciare.

– Fantastico. Ti mostrerò il nostro ufficio.

Davide ha portato Martina in giro per l'ufficio e le ha mostrato dove si trovavano le diverse aree e i dipartimenti. Poi sono arrivati alla postazione di lavoro di Martina.

– Qui è dove lavorerai – disse Davide – Come puoi vedere, hai il tuo computer e telefono. Ora ti presenterò al team.

Davide ha presentato Martina a ciascuno dei suoi nuovi colleghi di lavoro, inclusa la sua collega di squadra, Sebastiano.

– Martina, questo è Sebastiano, il tuo collega di squadra. – dice Davide.

– Ciao, Martina – le disse Sebastiano con un sorriso – È un piacere conoscerti.

– Ciao, Sebastiano. Sono emozionata di lavorare con te. – rispose Martina.

– Fantastico! – disse Davide – Ora puoi cominciare a lavorare.

Sebastiano ti aiuterà con i documenti più importanti. Benvenuto nel nostro team!

Dopo aver incontrato il suo team, Martina si sedette alla sua scrivania e iniziò a imparare il suo lavoro. Sebastiano gentilmente le mostrò i documenti più importanti. Martina era entusiasta delle possibilità che l'aspettavano nel suo nuovo lavoro. Sentiva di aver preso la decisione giusta nel cominciare a lavorare per questa azienda.

Vocabolario:

lavoro – arbete

azienda – företag

presto – tidigt

ufficio – kontor

capo – chef

pronta – redo

mostrare – att visa

qui – här

computer – dator

telefono – telefon

collega di lavoro – arbetskamrat

squadra – team

con te – med dig

documenti – dokument

benvenuto – välkommen

incontrarsi – att träffas

scrivania – skrivbord

imparare – att lära sig

gentilmente – vänligen

possibilità – möjlighet

Capitolo 5: Incontrarsi con gli amici

Martina si è incontrata con i suoi amici per prendere un caffè in un caffè nel centro della città. Era entusiasta perché non vedeva i suoi amici da molto tempo e voleva condividere con loro le sue nuove esperienze sul lavoro.

Dopo essersi salutati e aver ordinato il caffè, Martina ha avviato la conversazione:

– Come state? Non ci vediamo da tanto tempo!

– Bene, bene. – rispose il suo amico Manuele – Sì, è vero, non ci vediamo da un po' di tempo.

– Sì, da quando ho iniziato a lavorare nella nuova azienda, non ho avuto molto tempo per uscire.

– E come ti trovi al lavoro? Ti piace il tuo nuovo lavoro? – chiese un'altra amica, Angela.

– Sì, mi piace molto. Lavoro con persone molto piacevoli e sto imparando molte cose nuove.

– E cosa fai nel tuo tempo libero? Hai qualche nuovo interesse? – disse Manuele.

– Sì, di recente ho iniziato a imparare il francese. Mi piace molto e voglio viaggiare a Parigi in futuro.

Dopo un po' di conversazione, Martina si accorse che una delle sue amiche sembrava preoccupata.

– Cosa succede? – chiese Martina ad Angela – Sembri preoccupata.

– Sì, in questo momento sto pianificando una vacanza e non so dove andare. Non ho idee. – rispose lei tristemente.

– Vuoi venire con me in Francia?

– Davvero? Certo, sarei felice! – gridò Angela con un sorriso.

Dopo il caffè, Martina si sentì felice e rilassata. Era contenta di essersi potuta incontrare con i suoi amici e condividere le sue esperienze.

Vocabolario:

amici – vänner

prendere un caffè – ta en kaffe

centro della città – stadens centrum

condividere – att dela

nuove esperienze – nya erfarenheter

persone – människor

piacevoli – trevliga

cose – saker

tempo libero – fritid

interesse – intresse

francese – franska

viaggiare – att resa

futuro – framtid

preoccupata – orolig

vacanza – semester

venire con me – följ med mig

Capitolo 6: Una visita alla biblioteca

Martina decise di visitare la biblioteca per trovare alcuni libri per approfondire la sua conoscenza sul suo nuovo lavoro. Quando arrivò alla biblioteca, si diresse alla sezione di economia e iniziò a cercare alcuni libri.

Improvvisamente, il bibliotecario si avvicinò a lei e le chiese:

– Ciao, mi chiamo Leonardo, hai bisogno di aiuto per trovare qualche libro?

– Sì, sto cercando libri su finanza e economia. – rispose Martina.

– Ah, posso aiutarti con questo. Hai trovato qualche libro interessante?

– Sì, ho trovato alcuni libri, ma non sono sicura se siano quelli giusti. Potresti darci un'occhiata?

– Certo. Fammi vedere. Ah, questo è un buon libro sulle finanze personali. E quest'altro riguarda gli affari internazionali. Penso che saranno utili per te.

– Grazie mille. È esattamente ciò che stavo cercando.

Dopo aver selezionato i libri, Martina si sedette a un tavolo e iniziò a leggere uno di loro. Improvvisamente, un altro uomo si avvicinò e le chiese:

– Ciao, stai leggendo quel libro sulle finanze personali? È un grande libro, non credi?

– Sì, lo è. Sto imparando molto.

– Mi chiamo Gabriele, a proposito. Lavoro in una società di investimenti. Se hai bisogno di qualche consiglio finanziario in futuro, non esitare a chiedermelo.

– Grazie, Gabriele. Sarei felice di ascoltare i tuoi consigli in futuro.

Martina si sentì grata per l'aiuto ricevuto da Leonardo e Gabriele. Dopo un po', decise che aveva letto abbastanza per oggi e si congedò dal bibliotecario e dall'uomo d'affari prima di lasciare la biblioteca.

Vocabolario:

biblioteca – bibliotek

sezione – avdelning

affari – affärer

libro – bok

finanze – ekonomi

bibliotecario – bibliotekarie

mi chiamo – jag heter

un'occhiata – en titt

utili – användbara

selezionare – att välja

tavolo – bord

leggere – att läsa

uomo – man

investimenti – investeringar

consiglio – råd

finanziario – ekonomisk

grata – tacksam

Capitolo 7: Una giornata in spiaggia

Martina si svegliò presto per godersi una giornata in spiaggia. Era una giornata soleggiata e perfetta per prendere il sole e nuotare in mare. Indossò il suo costume da bagno, prese un asciugamano e uscì di casa dirigendosi verso la spiaggia. Tuttavia, quando arrivò lì, si rese conto di aver dimenticato gli occhiali da sole a casa.

– Accidenti! Ho dimenticato gli occhiali da sole a casa! – si lamentò Martina.

In quel momento, un ragazzo si avvicinò a lei e le offrì un paio di occhiali da sole.

– Ciao, hai bisogno di aiuto? Mi chiamo Miguel. – disse il ragazzo.

– Ciao! Mi chiamo Martina. Sono appena arrivata in spiaggia e mi sono resa conto di aver dimenticato gli occhiali da sole a casa. – rispose Martina sorpresa dall'offerta di aiuto.

– Non preoccuparti, ho un paio di occhiali da sole che puoi usare mentre sei qui. – disse Miguel con un sorriso.

– Grazie mille! – ringraziò Martina con un sorriso di sollievo.

– Di niente, spero che li apprezzerai. – disse Miguel prima di congedarsi.

Martina trascorse la giornata in spiaggia prendendo il sole, leggendo un libro e nuotando in mare. Quando il sole cominciò a tramontare, decise che era ora di tornare a casa.

– Che giornata meravigliosa! – si disse mentre camminava di ritorno a casa.

Dopo aver trascorso il giorno in spiaggia, Martina si sentiva completamente rilassata e ringiovanita. Era anche grata per la gentilezza di Miguel, che le aveva offerto i suoi occhiali da sole e aveva reso la sua giornata molto più confortevole.

Vocabolario:

spiaggia – strand

godersi – njuta av

giornata soleggiata – solig dag

prendere il sole – sola

sole – sol

nuotare – simma

costume da bagno – baddräkt

asciugamano – handduk

dimenticato – glömt

occhiali da sole – solglasögon

momento – stund

sollievo – lättnad

trascorrere la giornata – tillbringa dagen

camminare – promenera

meravigliosa – underbar

qualcuno – någon

Capitolo 8: Il picnic di Martina e la sua famiglia

Martina e la sua famiglia decisero di fare un picnic al parco. La mamma di Martina preparò dei panini al prosciutto e formaggio, mentre il papà portò delle mele e delle bottiglie d'acqua.

Martina era entusiasta perché adorava trascorrere del tempo all'aria aperta. Si sedettero su una coperta e cominciarono a mangiare.

– Questo è davvero buono! – disse Martina mentre masticava un panino.

– Sono contenta che ti piaccia, Martina – rispose la mamma con un sorriso.

Mentre mangiavano, Martina vide un bambino che stava giocando con il suo cane.

– Che bel cane! – esclamò Martina.

– Sì, è molto giocherellone – disse il papà.

Dopo aver mangiato, Martina decise che voleva giocare con il cane.

– Credi che potrei giocare con lui, papà? – chiese Martina.

– Devi chiederlo al ragazzo. – rispose papà.

Martina si avvicinò al proprietario del cane e gli chiese se poteva giocare con lui. Il proprietario acconsentì e Martina iniziò a giocare con il cane.

– Questo cane è davvero divertente! – disse Martina mentre il cane saltava e muoveva la coda.

Dopo aver giocato un po', Martina e la sua famiglia conservano le loro cose e fecero ritorno a casa, portando con sé i ricordi speciali di una giornata divertente con risate, cibo delizioso e momenti condivisi al parco.

Vocabolario:

picnic – picknick

parco – park

panini – smörgåsar

prosciutto – skinka

formaggio – ost

acqua – vatten

aria aperta – frisk luft

sedersi – sitt

coperta – filt

bambino – barn

cane – hund

giocare – leka

proprietario – ägare

coda – svans

conservare – bevara

ricordi – minnen

speciali – speciella

risate – skratt

delizioso – läckert

Capitolo 9: Celebrando il Compleanno

Martina era molto emozionata perché oggi era il suo compleanno e la sua migliore amica, Anna, le aveva preparato una sorpresa speciale. Anna le aveva detto di incontrarsi in un parco vicino per festeggiare insieme.

Quando Martina arrivò al parco, vide che Anna aveva preparato una piccola festa a sorpresa con palloncini e una deliziosa torta al cioccolato.

– Buon compleanno, Martina! – disse Anna emozionata mentre le consegnava un regalo.

– Grazie mille, Anna! Non riesco a credere che tu abbia fatto tutto questo per me.

Dopo aver mangiato un pezzo di torta e aperto il suo regalo, Martina decise che voleva giocare nel parco.

– Vuoi giocare a palla, Anna? – chiese Martina.

– Certo! Andiamo a giocare.

Martina e Anna iniziarono a giocare a palla mentre ridevano e si godevano la bellissima giornata.

– Oh, Anna, mi hai quasi colpito con la palla! – esclamò Martina sorpresa.

– Hahaha, mi dispiace, Martina. – rispose Anna ridendo Proverò a avere una mira migliore!

Dopo aver giocato, Martina e Anna si sedettero sull'erba per riposare e parlare di quanto fosse stata bella la giornata. Si resero conto di quanto fossero fortunate ad essere amiche speciali e di poter festeggiare insieme. Marta ha soffiato le candele sulla sua torta ancora una volta, augurandosi che la sua amicizia con Anna fosse sempre forte e piena di felicità in futuro.

Vocabolario:

celebrare – fira

compleanno – födelsedag

migliore – bästa

sorpresa – överraskning

insieme – tillsammans

torta – tårta

cioccolato – choklad

regalo – present

palla – boll

quasi – nästan

colpito – du träffade

mi dispiace – jag är ledsen

proverò – jag ska försöka

mira – sikta

riposare – vila

parlare – prata

ancora una volta – än en gång

sempre – alltid

forte – stark

Capitolo 10: La visita allo zoo

Martina e la sua famiglia decisero di fare una escursione allo zoo. Martina era emozionata perché non ci era mai stata prima e amava gli animali.

Quando arrivarono, comprarono i biglietti d'ingresso e iniziarono ad esplorare lo zoo. Videro leoni, giraffe, scimmie e molti altri animali interessanti.

Martina era particolarmente emozionata di vedere i pinguini. Le piaceva vederli scivolare sull'acqua e camminare goffamente sul ghiaccio.

Mentre stavano guardando i pinguini, Martina notò che uno di loro sembrava triste.

– Papà, perché quel pinguino è da solo? – chiese Martina, indicando il pinguino solitario.

– A volte i pinguini si separano dal gruppo per diverse ragioni, ma non preoccuparti, è normale – rispose suo padre.

Martina decise di voler fare qualcosa per rallegrare il pinguino solitario. Si ricordò di aver portato una barretta di cioccolato nella sua borsa e pensò di poterla dare al pinguino.

– Papà, pensi che il pinguino vorrà questo? – chiese Martina tirando fuori la barretta di cioccolato dalla sua borsa.

– Non ne sono sicuro, ma puoi provare – rispose suo padre.

Martina si avvicinò al pinguino e gli offrì la barretta di

cioccolato. Il pinguino sembrò curioso e si avvicinò per annusarla. Dopo qualche istante, il pinguino prese la barretta di cioccolato con il suo becco e iniziò a mangiarla.

– Guarda, papà, gli piace! – esclamò Martina emozionata.

Dopo aver passato l'intera giornata allo zoo, Martina e la sua famiglia fecero ritorno a casa stanchi ma felici. Avevano trascorso una giornata meravigliosa vedendo animali incredibili e creando ricordi insieme.

Vocabolario:

zoo – zoo

escursione – utflykt

mai – aldrig

animali – djur

biglietto d'ingresso – entrébiljett

leone – lejon

giraffa – giraff

scimmia – apa

pinguino – pingvin

ghiaccio – is

triste – ledsen

solo – ensam

si separano – de separerar

barretta di cioccolato – chokladkaka

curioso – nyfiken

annusare – lukta

becco – näbb

mangiare – äta

ritorno – återvända

stanchi – trötta

felice – lycklig

Capitolo 11: La lezione di yoga

Martina voleva trovare un modo per rilassarsi dopo una giornata di lavoro stressante, quindi ha deciso di prendere una lezione di yoga nella sua palestra locale. Quando è arrivata, si è unita a un gruppo di persone che stavano già facendo gli stretching e meditando.

Martina ha trovato la lezione di yoga molto rilassante e ha cominciato a goderne. Ma quando l'istruttore le ha chiesto di fare una postura complicata, si è sentita un po' insicura.

– Non sono sicura di poter farlo. – ha detto Martina.

– Non preoccuparti, Martina. Puoi provare. Se non ci riesci, fai semplicemente quello che puoi. – ha risposto l'istruttore con un sorriso.

Martina si è impegnata e alla fine è riuscita a fare la posizione. Si è sentita molto orgogliosa di sé e grata per la pazienza dell'istruttore.

Dopo la lezione, Martina si è avvicinata all'istruttore e gli ha chiesto se ci fosse un modo per praticare yoga a casa.

– Sì, ci sono molti video di yoga online che puoi seguire a casa. Puoi anche comprare un tappetino da yoga e praticare nel tuo soggiorno.

– Grazie per il consiglio. Sicuramente proverò. – ha detto Martina mentre si congedava dall'istruttore.

Quando è arrivata a casa, Martina ha cercato video di yoga online e ha cominciato a seguirli. Ha scoperto che praticare yoga a casa era molto comodo e rilassante.

Vocabolario:

lezione – lektion

yoga – yoga

palestra – gym

stretching – stretching

meditando – meditera

insicura – osäker

postura – hållning

complicata – komplicerad

provare – att försöka

riuscita – framgångsrik

orgogliosa – stolt

pazienza – tålamod

si avvicinata – närmar sig

modo – sätt

praticare – att öva

video – video

online – online

tappetino – yogamatta

soggiorno – vardagsrum

comodo – bekväm

rilassante – avkopplande

Capitolo 12: L'avventura nel museo

Un giorno, Martina decise di visitare il museo della sua città per scoprire cose interessanti. Indossò i suoi abiti comodi, prese lo zaino e si diresse al museo con emozione.

Arrivata al museo, Martina rimase meravigliata dall'enorme ingresso e dalle belle sculture che adornavano il luogo. Entrò nel museo e si avvicinò al banco informazioni.

– Ciao! Puoi darmi informazioni sulle esposizioni? – chiese Martina con entusiasmo.

– Ciao! Certo, abbiamo diverse sale con esposizioni d'arte, storia e scienza. Cosa vorresti esplorare prima? – rispose il dipendente cordialmente.

– Vorrei cominciare dalla sala d'arte. Dove posso trovarla? – domandò Martina con curiosità.

– La sala d'arte si trova al secondo piano. Devi solo salire le scale e girare a sinistra. – spiegò il dipendente.

– Grazie per le informazioni! – ringraziò Martina con un sorriso.

Martina salì le scale e si immerse nella sala d'arte. Si fermò davanti a un quadro e cominciò ad ammirarlo. In quel momento, un bambino di nome Niccolò si avvicinò a lei.

– Ciao, ti piace questo dipinto? – domandò Niccolò curioso.

– Ciao! Sì, mi piace molto. I colori sono molto belli – rispose Martina emozionata.

– Sai una cosa? Mia mamma è un'artista e mi ha insegnato molto sulla pittura. Posso dirti di più su quest'opera, se vuoi – offrì Niccolò gentilmente.

– Certo! Mi piacerebbe molto sentire di più a riguardo – disse Martina con entusiasmo.

Niccolò iniziò a spiegare i dettagli del dipinto e condivise alcune informazioni interessanti sull'artista. Martina era incantata di imparare cose nuove. Alla fine, ringraziò Niccolò per l'aiuto e proseguì la sua avventura nel museo.

Vocabolario:

avventura – äventyr

museo – museum

abiti comodi – bekväma kläder

emozione – känsla

zaino – ryggsäck

luogo – plats

sculture – skulpturer

banco informazioni – informationsdisk

storia – historia

scienza – vetenskap

scale – trappor

sala d'arte – konstgalleri

dipinto – målning

quadro – bild

ammirare – beundra

colori – färger

opera – konstverk

dettagli – detaljer

informazioni interessanti – intressant information

artista – konstnär

Capitolo 13: Prendendosi cura dell'animale domestico di un amico

Martina era una ragazza responsabile e amante degli animali. Un giorno, il suo amico Daniele le chiese un favore molto importante.

– Ciao, Martina! Devo uscire dalla città e ho bisogno che tu ti prenda cura del mio gatto, Tommaso. Potresti farlo? – chiese Daniele.

– Ciao, Daniele! Certo, mi farebbe piacere prendere cura di Tommaso. So quanto è importante per te – rispose Martina.

Martina arrivò a casa di Daniele e trovò Tommaso che l'aspettava in soggiorno. Dopo essersi assicurata che avesse cibo, acqua e giocattoli, Martina si prese cura di lui per diversi giorni. Lo portò anche al parco, dove Tommaso poté giocare con altri gatti e godersi l'aria aperta. Martina e Tommaso diventarono amici e si divertirono insieme.

Alla fine della settimana, Daniele tornò e Martina gli raccontò tutte le avventure che aveva avuto con Tommaso.

– Grazie, Martina! Sono felice di sapere che Tommaso è stato in buone mani. Sei davvero una grande amica – disse Daniele ringraziando.

– Di niente, Daniele. Prendere cura di Tommaso è stato un vero piacere. Sarò sempre qui per aiutarti quando ne avrai bisogno.

Martina si congedò da Tommaso con affetto, aapendo di aver

formato un laccio speciale con lui durante il tempo passato insieme. Era felice di aver potuto aiutare il suo amico e prendersi cura del suo caro animale domestico.

Vocabolario:

animale domestico – husdjur

ragazza – flicka

amante – älskare

uscire – gå ut

prendersi cura – ta hand om

settimana – vecka

fine settimana – helg

cibo – mat

giocattoli – leksaker

assicurarsi – se till

diversi giorni – flera dagar

affetto – kärlek

laccio – band

caro – kär

Capitolo 14: Il primo volo

Martina era emozionata perché stava per fare il suo primo viaggio in aereo. Aveva risparmiato denaro per molto tempo e finalmente era arrivato il giorno in cui avrebbe volato in un paese straniero. Era all'aeroporto, con la sua valigia e il suo passaporto in mano.

– Buongiorno, come posso aiutarti? – chiese l'assistente di volo

– Ciao, ho un volo per Londra. In quale gate devo andare?

L'assistente di volo le fornì le informazioni sul gate d'imbarco e Martina si diresse lì. Una volta a bordo dell'aereo, cercò il suo posto e si sedette accanto a una donna amichevole.

– Ciao, è questo il posto 15B? – chiese Martina emozionata.

– Sì, esatto. È il tuo primo volo? – rispose la donna con un sorriso.

– Sì, è il mio primo volo! – rispose Martina emozionata – Sono così emozionata ma anche un po' nervosa.

– Non preoccuparti, i voli sono molto sicuri. Ti abituerai presto. – disse la donna tranquillizzandola.

L'aereo decollò e Martina guardava fuori dalla finestra mentre il paesaggio diventava sempre più piccolo man mano che guadagnavano quota.

– Guarda, stiamo volando sopra le nuvole! – esclamò Martina emozionata.

– Sì, è bellissimo, vero? Goditi il viaggio. – rispose la donna sorridendo.

Durante il volo, Martina ascoltava attentamente le istruzioni del personale di cabina e seguiva le indicazioni di allacciare la cintura di sicurezza e spegnere i dispositivi elettronici.

Finalmente, l'aereo atterrò all'aeroporto di Londra e Martina si congedò dalla donna con cui aveva condiviso il volo.

Vocabolario:

primo volo – första flyg

viaggio – resa

aereo – flygplan

volare – flyga

straniero – främling

aeroporto – flygplats

passaporto – pass

assistente di volo – flygvärdinna

Londra – London

gate – gate

posto – plats

nervosa – nervös

sicuri – säker

ti abituerai – du kommer att vänja dig

decollare – lyfta

finestra – fönster

paesaggio – landskap

nuvole – moln

Capitolo 15: Il festival di musica

Martina era entusiasta perché quel fine settimana si teneva il festival di musica nella sua città. Aveva sentito parlare di questo evento per mesi e non poteva aspettare. Andò al centro della città con il suo amico Manuele, dove si stava svolgendo il festival.

Quando arrivarono al luogo del festival, rimasero meravigliati dall'atmosfera festosa che regnava. La musica risuonava in ogni angolo e l'energia era contagiosa.

– Guarda, c'è un palco principale! Andiamo lì prima – indicò Martina.

– Sì, assolutamente! Voglio vedere quella band di rock che mi piace tanto – disse Manuele sorridendo.

Una volta di fronte al palco, la musica iniziò a suonare e il palco si illuminò di luci brillanti. Martina e Manuele saltavano, cantavano e si lasciavano trasportare dall'energia della band.

– Questa canzone è la mia preferita! Godiamocela al massimo! – gridò Martina.

Dopo un emozionante concerto, scoprirono il palco della musica latina, dove una band di salsa stava suonando.

– Mi piace molto la musica latina! Vuoi ballare con me? – chiese Martina.

– Certo, balliamo insieme sulla musica latina! – rispose Manuele.

Ballaarono a ritmo di salsa e si divertirono con gli altri partecipanti che stavano anche loro godendosi lo spettacolo.

– Che giornata fantastica! Sono davvero felice di essere venuta al festival. – commentò Martina con gioia.

Alla fine del festival, Martina si sentì molto felice e commentò che è stata una giornata fantastica. Non poteva aspettare con ansia di tornare al festival l'anno prossimo.

Vocabolario:

musica – musik

energia – energi

band – band

luci – ljus

saltare – hoppa

cantare – sjunga

concerto – konsert

palco – scen

musica latina – latinamerikansk musik

ballare – dansa

ritmo – rytm

partecipanti – deltagare

viso – ansikte

cuore – hjärta

gioia – glädje

l'anno prossimo – nästa år

Capitolo 16: Giro in bicicletta

Martina era entusiasta perché era una bellissima giornata di sole e aveva deciso di fare un giro in bicicletta. Si mise il casco e prese la sua bicicletta dal garage.

Mentre pedalava per le strade della sua città, vide la sua amica Sofia che cavalca.

– Ciao Sofia! Cosa fai qui? – esclamò Martina entusiasta.

– Ciao Martina! – rispose sorpresa – Stavo guidando verso il parco. Ti piacerebbe unirti?

– Certo! Sarebbe fantastico.

Martina e Sofia salirono sulle loro biciclette e iniziarono a pedalare insieme lungo la pista ciclabile. Godettero della brezza sul viso mentre conversavano.

Arrivarono al parco e videro un lago con anatre che nuotavano. Decisero di fermarsi e osservarle per un momento.

– Guarda, Martina, le paperelle sono così carine. – indicò il lago – Adoro la natura che troviamo qui.

– Sì, è meraviglioso. – rispose entusiasta – Mi sento così in pace circondata da tanta bellezza.

Alla fine, Martina e Sofia tornarono al punto di partenza dove avevano lasciato le loro biciclette. Scesero e si sedettero su una panchina per riposare.

– Grazie per avermi invitato a fare questo giro in bicicletta, Sofia. – disse Martina felice – È stato meraviglioso.

– Di niente, Martina. – rispose Sofia sorridendo – Sono contenta che tu abbia goduto. Dovremmo sicuramente farlo più spesso.

Con un sorriso sul viso e il cuore pieno di gioia, Martina e Sofia si salutarono e decisero di pianificare più avventure in bicicletta insieme.

Vocabolario:

giro in bicicletta – cykeltur

casco – hjälm

garage – garage

pedalare – trampa

pista ciclabile – cykelbana

brezza – bris

circondata – omgiven

natura – natur

pace – frid

bellezza – skönhet

osservare – observera

paperelle – ankungar

lago – sjö

invitarmi – bjuda in mig

dovremmo – vi borde

pianificare – planera

goduto – njutit

Capitolo 17: Preparando un pasto speciale

Era arrivato il giorno in cui Martina voleva sorprendere la sua famiglia con un pasto speciale. Era emozionata e determinata a preparare qualcosa di delizioso. Si mise il grembiule e si diresse in cucina.

– Ciao mamma, ciao papà! – esclamò Martina entrando in casa – Oggi voglio preparare un pasto speciale per tutti. Vi piacerebbe provare qualcosa di diverso?

– Certo, figlia! – rispose il papà – Che cosa hai in mente?

– Voglio fare la pasta con il sugo di pomodoro fatto in casa e le polpette. Vi va bene? – chiese Martina.

– Suona delizioso! – disse la mamma con entusiasmo – Hai bisogno di aiuto?

– Sarebbe fantastico se mi aiutassi con il sugo di pomodoro mentre io faccio le polpette.

Martina e sua madre andarono in cucina. Martina sbucciava i pomodori mentre sua madre scaldava una padella con olio d'oliva. Dopo aver mescolato gli ingredienti secondo la ricetta, ha formato delle palline e le ha poste in una teglia da forno per cuocerle. Dopo un po', la salsa di pomodoro era pronta e le polpette si stavano dorando nel forno.

– Il pasto è pronto! – esclamò Martina – Venite a tavola.

La famiglia gustò il delizioso pasto che Martina aveva preparato con affetto.

– Martina, questo pasto è incredibile. – disse il papà con un sorriso – Sei un ottimo chef!

– Sono molto orgogliosa di te, figlia. – aggiunse la mamma con soddisfazione.

– Grazie, mamma, papà. – rispose Martina con gioia – Sono felice che vi sia piaciuto.

Con un sorriso sui loro volti, la famiglia godette di un momento speciale condividendo un pasto delizioso e l'amore che avevano messo nel prepararlo.

Vocabolario:

sorprendere – överraska

delizioso – läckert

fatto in casa – hemlagat

mente – sinne

sbucciava – skalade

scaldava – värmde

padella – stekpanna

olio d'oliva – olivolja

mescolare – blanda

ricetta – recept

palline – bollar

cuocerle – baka dem

salsa – sås

polpette – köttbullar

stavano dorando – höll på att brynas

incredibile – otroligt

chef – kock

piaciuto – tyckte om

amore – kärlek

Capitolo 18: Un'escursione in montagna

Martina e i suoi amici Pietro e Laura decisero di avventurarsi in un'emozionante escursione in montagna. Si incontrarono presto al punto di ritrovo concordato, portando zaini con acqua e spuntini. Iniziarono a camminare lungo il sentiero, seguendo i segnali.

– Wow, le viste sono impressionanti qui in alto. – esclamò Martina emozionata.

– Sì, ne vale la pena ogni passo che facciamo. – rispose Pietro.

Continuarono a salire, godendosi il bellissimo paesaggio e facendo una pausa vicino a un ruscello. Mentre scendevano lungo il sentiero, Pietro indicò un albero particolare ed esclamò:

– Guardate quell'albero gigante! Sembra tratto da un racconto.

Martina e Laura si fermarono ad ammirare l'albero maestoso e mostrarono la loro emozione con un sorriso sul viso. Poi, proseguirono la salita, affrontando terreni difficili. Man mano che salivano, il terreno diventava più ripido e impegnativo.

– Non arrendiamoci! Siamo quasi arrivati. – incoraggiò Martina il gruppo.

Finalmente, arrivarono in cima e rimasero impressionati dalla vista panoramica.

– Che posto incredibile! – disse Laura ammirata.

– Vale la pena ogni sforzo! – esclamò Pietro emozionato.

Trascorsero un po' di tempo godendosi il momento, assorbendo la serenità e la grandezza della natura che li circondava.

Si riposarono un po' e poi iniziarono a scendere, portando con sé ricordi speciali.

– È stata un'esperienza incredibile. – ringraziò Martina – Grazie per questa giornata.

– La natura ci dà energia. – rispose Pietro grato – È stato fantastico condividere questo con te.

Con una sensazione di soddisfazione e gioia, tornarono a casa, sapendo di aver vissuto un'avventura unica e ansiosi per future esplorazioni insieme.

Vocabolario:

montagna – berg

spuntini – snacks

sentiero – stig

viste – vyer

impressionanti – imponerande

qui in alto – här uppe

ne vale la pena – det är värt det

passo – steg

salire – klättra

cima – topp

man mano che – allt eftersom

albero – träd

gigante – jätte

racconto – berättelse

terreno – terräng

difficile – svårt

serenità – frid

circondava – omgav

scendere – gå ner

ansiosi – ivriga

Capitolo 19: Imparando a ballare la salsa

Martina aveva deciso di imparare a ballare la salsa, e oggi sarebbe stata la sua prima lezione. Arrivò presto al centro di danza e incontrò la sua amica Laura.

– Ciao Laura! – esclamò Martina emozionata – Sei pronta per imparare a ballare la salsa?

– Ciao Martina! – rispose Laura – Sì, sono emozionata ma anche un po' nervosa. Non ho mai ballato salsa prima d'ora.

– Non preoccuparti, sono sicura che ci riusciremo alla grande!

Dopo un po', il maestro di salsa, Carlo, entrò nella stanza.

– Ciao ragazze! – disse Carlo con entusiasmo – Benvenute alla lezione di salsa.

La lezione iniziò con un riscaldamento per preparare i muscoli. Poi, Carlo insegnò loro i passi di base della salsa.

– Inizia con il piede destro, facendo un passo di fianco. – spiegò Carlo – Poi, porta il piede sinistro verso il destro e riporta il piede destro al suo posto. Ripeti dall'altro lato.

Dopo aver praticato il passo base, Carlo mostrò loro movimenti più difficili.

– Ora faremo giri e volte. – disse Carlo – Ascoltate le mie istruzioni e seguite il ritmo della musica.

Martina e Laura si sforzarono di seguire le istruzioni di Carlo. Man mano che praticavano, si sentivano più sicure e iniziavano a capire il ritmo della salsa.

Alla fine della lezione, Carlo complimentò Martina e Laura per i loro progressi.

– Avete fatto davvero bene ragazze! Continuate a esercitarvi e presto diventerete delle ottime ballerine di salsa.

– Grazie, Carlo! – ringraziò Martina – Ci vediamo alla prossima lezione.

Con la musica di salsa che risuonava nel centro di danza, Martina e Laura uscirono piene di energia e gioia, pronte a continuare la loro avventura nel mondo della danza.

Vocabolario:

prima – tidigare

stanza – rum

riscaldamento – uppvärmning

muscoli – muskler

insegnò – lärde ut

base – grundläggande

destro – höger

fianco – sida

ripeti – repetera

giri – varv

seguite – följ

sforzarono – försökte

capire – förstå

progressi – framsteg

risuonare – resonera

mondo – värld

Capitolo 20: Una giornata di pioggia a casa

Era una giornata piovosa e Martina era a casa senza niente da fare. Era annoiata e desiderava che il sole splendesse per poter uscire a giocare fuori. Improvvisamente, squillò il telefono.

– Ciao! – disse Martina eccitata rispondendo alla chiamata.

– Ciao Martina! – rispose la sua amica Angela – Cosa stai facendo in questa giornata di pioggia?

– Non molto, sono annoiata a casa. – disse Martina con delusione.

– Non preoccuparti! Ho un'idea. Perché non facciamo un pomeriggio di giochi a casa mia? – suggerì Angela entusiasta.

– Suona fantastico! Mi piacerebbe molto. – esclamò Martina entusiasta all'idea di divertirsi con la sua amica.

Martina si preparò rapidamente e si diresse a casa di Angela. Arrivata, entrambe le amiche si sedettero in salotto e cominciarono a giocare al loro gioco da tavolo preferito.

– Guarda Martina! Sono la vincitrice! – esclamò Angela eccitata dopo aver vinto un turno.

– Congratulazioni, Angela! Sei la migliore in questo gioco. – disse Martina ridendo.

Dopo diversi turni di giochi, le ragazze decisero di fare una pausa e prendere uno spuntino.

– Ho dei biscotti e del succo. Vuoi qualcosa, Martina? – chiese gentilmente Angela.

– Sì, per favore! Adoro i biscotti. – rispose Martina entusiasta.

Mentre stavano godendosi la merenda, hanno sentito il suono della pioggia colpendo le finestre.

– Anche se siamo a casa, ci stiamo divertendo molto! – disse Martina sorridendo.

– Esatto! A volte le giornate di pioggia possono essere divertenti se le trascorriamo insieme. – disse Angela felice.

Trascorsero il resto del pomeriggio ridendo, giocando e godendosi la compagnia reciproca. Anche se il sole non era spuntato, Martina e Angela avevano trasformato una giornata di pioggia in una giornata piena di divertimento e risate a casa.

Vocabolario:

pioggia – regn

niente – ingenting

annoiata – uttråkad

splendere – lysa

fuori – utanför

delusione – besvikelse

suggerire – föreslå

giochi – spel

entrambe – båda

vincitrice – vinnare (kvinnlig form)

turno – tur

congratulazioni – grattis

pausa – paus

biscotto – kaka

succo – juice

merenda – mellanmål

colpendo – slår

compagnia – sällskap

anche se – även om

Esercizi dei capitoli

Capitolo 1: L'arrivo in città

Rispondi alle domande:

1. Come si chiama la protagonista del Capitolo 1?

2. Quanti anni ha Martina?

3. Come si sente Martina arrivando in città?

4. Cosa porta con sé Martina mentre cammina per le strade della città?

5. Chi è Giovanni e come aiuta Martina?

6. In quale via vive Martina?

Capitolo 2: Negozio di alimentari

Completa le seguenti frasi con la parola corretta:

Martina decidió ir a il ______________ di alimentari più vicino.

Il negozio era ben ______________ e ordinato.

Martina comprò ______________ e lattuga fresca nella sezione di verdure.

La ______________ era a destra dei prodotti in scatola.

Martina comprò mele e ______________ nella sezione di frutta.

Martina pagò i suoi acquisti con la sua ______________ di credito.

Capitolo 3: L'incontro con i vicini

Indica quale delle seguenti frasi è vera o falsa:

1. Martina ha ricevuto un invito per partecipare a una riunione con i vicini nel suo nuovo edificio.

2. La riunione dei vicini si è tenuta al parco.

3. La riunione era programmata per una domenica mattina.

4. Il presidente dell'associazione ha parlato degli eventi futuri.

5. Martina non si è sentita a suo agio con i suoi vicini durante la riunione.

6. Martina è insoddisfatta della posizione dell'edificio.

Capitolo 4: Il primo giorno di lavoro

Rispondi alle seguenti domande:

1. Perché Martina era entusiasta?

a) Perché stava per iniziare un nuovo lavoro.

b) Perché stava per terminare il suo lavoro precedente.

c) Perché stava per andare in vacanza.

2. Chi ha accolto Martina in ufficio?

a) Il suo amico.

b) Il suo collega di squadra.

c) Il suo capo.

3. Cosa ha mostrato Davide a Martina in ufficio?

a) I diversi dipartimenti e aree.

b) I documenti importanti.

c) Le pause caffè.

4. Chi era il collega di squadra di Martina?

a) Davide.

b) Sebastiano.

c) Un cliente.

5. Quale compito ha assegnato Davide a Martina alla fine?

a) Di presentarsi al team.

b) Di cominciare a lavorare.

c) Di mostrare i documenti importanti.

6. Cosa ha fatto Martina alla fine del primo giorno di lavoro?

a) Si è incontrata con il suo capo per discutere delle sue prestazioni.

b) Ha fatto nuove amicizie in ufficio.

c) È tornata a casa per riposare.

Capitolo 5: Incontrarsi con gli amici

Indica quale delle seguenti frasi è vera o falsa:

1. Marta aveva visto i suoi amici di recente.

2. Martina sta imparando il tedesco.

3. Martina non ha tempo per uscire a causa del suo lavoro.

4. Manuele è interessato a imparare il francese.

5. Angela era preoccupata per la mancanza di idee per le vacanze.

6. Martina ha invitato Angela a viaggiare insieme in Francia.

Capitolo 6: Una visita alla biblioteca

Rispondi alle seguenti domande:

1. Perché Martina ha deciso di visitare la biblioteca?

a) Trovare dei libri di finanza e affari.

b) Per incontrare Leonardo e Gabriele.

c) Per passare il tempo.

2. Chi ha aiutato Martina a trovare i libri giusti?

a) Gabriele.

b) Il bibliotecario Leonardo.

c) Martina ha trovato i libri da sola.

3. Quale libro consigliò Leonardo a Martina?

a) Un libro di scienze sociali.

b) Un libro sulle finanze personali.

c) Un libro sull'arte.

4. Cosa fa Gabriele?

a) Bibliotecario.

b) Agente immobiliare.

c) Da una società di investimento.

5. Cosa ha offerto Gabriele a Martina?

a) Consulenza finanziaria.

b) Una cena gratuita.

c) Un biglietto aereo.

6. Cosa ha fatto Martina dopo aver visitato la biblioteca?

a) È andato a prendere un caffè.

b) È tornato a casa per leggere i libri.

c) Ha incontrato i suoi amici nel parco.

Capitolo 7: Una giornata in spiaggia

Rispondi alle domande:

1. Cosa ha dimenticato Martina a casa?

2. Cosa ha offerto Miguel a Martina?

3. Come ha risposto Martina all'offerta di aiuto?

4. Cosa ha detto Miguel quando Martina lo ha ringraziato?

5. Cosa ha fatto Martina durante la sua giornata al mare?

6. Come si è sentita Martina dopo aver trascorso la giornata al mare?

Capitolo 8: Il picnic di Martina e la sua famiglia

Completa le seguenti frasi con la parola corretta:

1. Martina e la sua famiglia decisero di fare un __________ nel parco.

2. La mamma di Martina preparò dei __________ di prosciutto e formaggio.

3. Il papà di Martina portò delle __________ e bottiglie d'acqua.

4. Martina ei suoi genitori sedettero su una __________ e cominciarono a mangiare.

5. Martina vide un bambino giocare con il suo __________.

6. Dopo aver giocato un po', Martina e la sua famiglia decisero di raccogliere tutto e tornare a __________.

Capitolo 9: Celebrando il Compleanno

Rispondi alle domande:

1. Perché Marta era emozionata all'inizio della storia?

2. Che sorpresa speciale aveva preparato Anna per Marta?

3. Dove si sono incontrate Marta e Anna per festeggiare insieme?

4. Cosa hanno fatto Marta e Anna dopo aver mangiato la torta e aperto i regali?

5. Cosa è successo durante il gioco di palla?

6. Come si sono sentite Marta e Anna alla fine del giorno del compleanno?

Capitolo 10: La visita allo zoo

Indica quale delle seguenti frasi è vera o falsa:

1. Martina e la sua famiglia hanno deciso di fare una visita allo zoo.

2. Martina era entusiasta di vedere gli elefanti allo zoo.

3. Martina e la sua famiglia hanno visto molti animali diversi allo zoo.

4. Martina ha regalato una barretta di cioccolato a un pinguino allo zoo.

5. Il pinguino ha rifiutato la barretta di cioccolato che Martina gli ha offerto.

6. Alla fine della giornata, Martina e la sua famiglia erano felici ma stanchi.

Capitolo 11: La lezione di yoga

Rispondi alle domande:

1. Cosa voleva Martina dopo una giornata di lavoro stressante?

2. Dove ha deciso Martina di prendere una lezione di yoga?

3. Come si è sentita Martina quando l'istruttore le ha chiesto di fare una posizione complicata?

4. Cosa ha suggerito l'istruttore a Martina per praticare yoga a casa?

5. Cosa ha fatto Martina quando è arrivata a casa?

6. Cosa ha scoperto Martina praticando yoga a casa?

Capitolo 12: L'avventura nel museo

Indica quale delle seguenti frasi è vera o falsa:

1. Martina ha deciso di visitare lo zoo.

2. Martina aveva uno zaino.

3. L'impiegato del museo le ha fornito informazioni sulle esposizioni.

4. Martina voleva iniziare esplorando la sala delle scienze.

5. La sala d'arte si trova al primo piano.

6. Niccolò è il figlio di un artista.

Capitolo 13: Prendendosi cura dell'animale domestico di un amico

Leggi il seguente frammento di testo e completa le frasi con la forma corretta dei verbi passato prossimo:

Martina _______________ (arrivare) a casa di Daniele e _______________ (trovare) Tommaso che l'aspettava in soggiorno. Dopo essersi assicurata che _______________ (avere) cibo, acqua e giocattoli, Martina _______________ (prendersi cura) di lui per diversi giorni. Lo _______________ (portare anche) al parco, dove Tommaso _______________ (potere giocare) con altri gatti e _______________ (godersi) l'aria aperta.

Capitolo 14: Il primo volo

Leggi ogni domanda e scegli l'opzione corretta (A, B o C) che completa meglio la frase:

1. Martina _________ il suo primo volo in aereo.

a) sta

b) stava

c) ha fatto

2. L'assistente di volo _________ informazioni sul gate d'imbarco.

a) dà

b) diede

c) ha dato

3. Martina _________ accanto a una donna amichevole sull'aereo.

a) si siede

b) si sedette

c) si è seduta

4. L'aereo _________ e il paesaggio _________ sempre più piccolo.

a) decollò / diventava

b) decolla / diventa

c) è decollato / diventava

5. Durante il volo, Martina _________ attentamente le istruzioni.

a) ascolta

b) ascoltava

c) ha ascoltato

6. Finalmente, l'aereo _________ all'aeroporto di Londra.

a) atterrò

b) atterra

c) atterrerà

Capitolo 15: Il festival di musica

Rispondi alle domande:

1. Perché Martina era entusiasta?

2. Con chi è andata Martina al festival?

3. Cosa hanno scoperto una volta arrivati al luogo del festival?

4. Quale gruppo musicale voleva vedere Manuele?

5. Che altro palco musicale hanno scoperto?

6. Come si è sentita Martina alla fine del festival?

Capitolo 16: Giro in bicicletta

Completa le seguenti frasi con la parola corretta:

1. Martina era entusiasta perché era una bellissima __________.

2. Martina si mise il __________ e prese la sua bicicletta dal __________.

3. Martina gridò a Sofia: "Ciao Sofia! Cosa __________ qui?"

4. Martina e Sofia salirono sulle loro __________ e iniziarono a (pedalare) insieme lungo la pista ciclabile.

5. Martina indicò il (lago) e esclamò: "Guarda, Martina, le __________ sono così carine."

6. Martina ha ringraziato Sofia per averla invitata e disse: "Grazie per avermi __________ a fare questo giro in bicicletta. È stato __________."

Capitolo 17: Preparando un pasto speciale

Indica quale delle seguenti frasi è vera o falsa:

1. Martina voleva sorprendere la sua famiglia con un pasto

speciale.

2. Martina decise di preparare la pasta con il sugo di pomodoro fatto in casa e le polpette.

3. Il padre di Martina no era entusiasta di provare qualcosa di diverso.

4. Martina e sua madre sbucciavano i pomodori insieme.

5. La famiglia ha gustato il pasto preparato da Martina.

6. Martina si sentì triste e delusa dalla reazione dei suoi genitori.

Capitolo 18: Un'escursione in montagna

Abbina correttamente le coppie, unendo la prima parte della frase con la seconda parte:

1. Martina e i suoi amici Pietro e Laura decisero di avventurarsi in un'emozionante escursione...

2. Iniziarono a camminare lungo il sentiero, seguendo...

3. Le viste dall'alto erano...

4. Martina e Laura si sono fermate per...

5. Man mano che salivano, il terreno diventava più...

6. Si riposarono un po' e poi iniziarono a...

a) ...riposarsi e godersi lo splendido scenario.

b) ...in montagna.

c) ...impressionanti.

d) ...ripido e impegnativo.

e) ...i segnali.

f) ...scendere, portando con sé ricordi speciali.

Capitolo 19: Imparando a ballare la salsa

Rispondi alle seguenti domande:

1. Come si sentiva Laura prima della sua prima lezione di salsa?

a) Emozionata e nervosa.

b) Annoiata e stanca.

c) Triste e arrabbiata.

2. Con cosa è iniziata la lezione di salsa?

a) Con un riscaldamento.

b) Con un esame.

c) Con una competizione.

3. Cosa ha mostrato Carlo a Martina e Laura per praticare?

a) Movimenti di breakdance.

b) Movimenti di nuoto.

c) Movimenti più complessi di salsa.

4. Cosa hanno fatto Martina e Laura per seguire le istruzioni di

Carlo?

a) Ignorato le istruzioni.

b) Preso una pausa.

c) Si sono impegnate per seguire le istruzioni.

5. Cosa hanno guadagnato Martina e Laura mentre praticavano?

a) Confusione e frustrazione.

b) Paura e disperazione.

c) Fiducia e ritmo nella salsa.

6. Cosa ha fatto Carlo alla fine della lezione?

a) Li ha rimproverati per non aver fatto bene.

b) Li ha congratulati per i loro progressi.

c) Ha cancellato la prossima lezione.

Capitolo 20: Una giornata di pioggia a casa

Completa le seguenti frasi con la parola corretta:

1. Martina era __________ a casa a causa del cattivo tempo.

a) triste

b) annoiata

c) emozionata

2. Angela ha proposto di fare un pomeriggio di _________ a casa

sua.

a) giochi

b) film

c) shopping

3. Martina si è mostrata _________ dell'idea di Angela.

a) felice

b) arrabbiata

c) spaventata

4. Durante il pomeriggio, Martina e Angela hanno giocato al loro ________ preferito.

a) sport

b) gioco da tavolo

c) strumento musicale

5. Martina e Angela hanno sentito il suono della pioggia che ________ sulle finestre.

a) accarezzava

b) chiudeva

c) colpiva

6. Martina ha detto che si stavano divertendo molto anche senza ________.

a) amici

b) sole

c) regali

Soluzioni

Capitolo 1: L'arrivo in città

1. La protagonista si chiama Martina.

2. Martina ha venticinque anni.

3. Martina si sente emozionata arrivando in città.

4. Martina porta con sé una piccola valigia e una borsa a mano.

5. Giovanni è un giovane uomo che incontra Martina per strada e l'aiuta a trovare la sua strada verso la nuova casa.

6. Martina vive in Via Farfalla numero 23.

Capitolo 2: Negozio di alimentari

1. negozio

2. pulito

3. pomodori

4. frutta

5. banane

6. carta

Capitolo 3: L'incontro con i vicini

1. VERA

2. FALSA

3. FALSA

4. VERA

5. FALSA

6. FALSA

Capitolo 4: Il primo giorno di lavoro

1. a)

2. c)

3. a)

4. b)

5. b)

6. c)

Capitolo 5: Incontrarsi con gli amici

1. FALSA

2. FALSA

3. VERA

4. FALSA

5. VERA

6. VERA

Capitolo 6: Una visita alla biblioteca

1. a)

2. b)

3. b)

4. c)

5. a)

6. b)

Capitolo 7: Una giornata in spiaggia

1. Martina olvidó sus gafas de sol.

2. Miguel le ofreció un par de gafas de sol a Martina.

3. Martina agradeció a Miguel con una sonrisa aliviada.

4. Miguel respondió "De nada, espero que las disfrutes".

5. Martina ha preso il sole, letto un libro e nuotando in mare.

6. Martina se sintió relajada y rejuvenecida.

Capitolo 8: Il picnic di Martina e la sua famiglia

1. picnic

2. panini

3. mele

4. coperta

5. cane

6. casa

Capitolo 9: Celebrando il Compleanno

1. Marta era emozionata perché oggi era il suo compleanno.

2. Anna le aveva preparato una piccola festa a sorpresa.

3. Si sono incontrate in un parco vicino.

4. Marta e Anna hanno deciso di giocare nel parco.

5. Anna ha quasi colpito Marta con la palla.

6. Marta e Anna si sono sentite felici e grate per la loro amicizia speciale.

Capitolo 10: La visita allo zoo

1. VERA

2. FALSA

3. VERA

4. VERA

5. FALSA

6. VERA

Capitolo 11: La clase de yoga

1. Martina voleva rilassarsi e ridurre lo stress.

2. Martina ha deciso di prendere una lezione di yoga nella sua palestra locale.

3. Martina si è sentita un po' insicura.

4. L'istruttore ha suggerito a Martina di seguire video di yoga online e di comprare un tappetino da yoga per praticare a casa.

5. Ha cercato video di yoga online e ha cominciato a seguirli per praticare a casa.

6. Martina ha scoperto che praticare yoga a casa era molto comodo e rilassante.

Capitolo 12: L'avventura nel museo

1. FALSA

2. VERA

3. VERA

4. FALSA

5. FALSA

6. VERA

Capitolo 13: Cuidando a la mascota

Martina arrivò a casa di Daniele e trovò Tommaso che l'aspettava in soggiorno. Dopo essersi assicurata che avesse cibo, acqua e giocattoli, Martina si prese cura di lui per diversi giorni. Lo portò anche al parco, dove Tommaso poté giocare con altri gatti e godersi l'aria aperta.

Capitolo 14: Il primo volo

1. b)

2. a)

3. c)

4. a)

5. b)

6. a)

Capitolo 15: Il festival di musica

1. Martina era entusiasta del festival musicale.

2. È andata al festival con Manuele.

3. Hanno scoperto un'atmosfera festosa e musica.

4. Manuele voleva vedere una band di rock.

5. Hanno scoperto la scena musica latina.

6. Marta si sentiva felice e soddisfatta.

Capitolo 16: Giro in bicicletta

1. giornata

2. casco, garage

3. fai

4. biciclette, pedalare

5. lago, paperelle

6. invitato, meraviglioso

Capitolo 17: Preparando un pasto speciale

1. VERA

2. VERA

3. FALSA

4. FALSA

5. VERA

6. FALSA

Capitolo 18: Un'escursione in montagna

1. b)

2. e)

3. c)

4. a)

5. d)

6. f)

Capitolo 19: Imparando a ballare la salsa

1. a)

2. a)

3. c)

4. c)

5. c)

6. b)

Capitolo 20: Una giornata di pioggia a casa

1. b)

2. a)

3. a)

4. b)

5. c)

6. a)

www.ingramcontent.com/pod-product-compliance
Lightning Source LLC
Chambersburg PA
CBHW070547160726
48003CB00005B/1929